AF564079

HISTOIRE AD-
MIRABLE DE NOSTRE

Dame de Liesse, Extraicte des Annalles de
l'Ordre de S. Iean de Hierusalem, Cō-
posee par Frere Iacques Bosius, Procureur general du mesme Ordre,
Nouuellement traduict d'I-
talien en François.

*Auec les Miracles, Nouuellement
corrigez, & amplifiez.*

A Troyes par Blaise Boutart, demeurant aux
Heures dorees Ruë nostre Dame,
Auec Priuilege du Roy, & Permission de
Monseigneur l'Euesque & Duc de Laon.

A TRESREVERENT PERE EN DIEV MESSIRE GEOFfroy de Billy Euesque & Duc de Laon Pair de France & Conte D'anisy.

Monseigneur entre les moyēs desquels Dieu le Createur s'est seruy non seulement pour planter la foy mais aussi pour la confirmer & faire prendre racine plus auant dedans le cœur des fideles, les miracles ont esté des principaux cōme l'escriture nous tesmoigne auoir esté practiqué tant en la loy de nature, loy mosaicque que la loy de grace, & euangelique. Car la diuine prouidence (qui dispose toute chose souefuement & les ordonne en nombre, poix, & mesure, cest à dire auec souueraine sagesse & egalité.) ne debuoit pas obliger l'homme à croire chose qui sont par dessus toute raison & toutes loix de nature, sans des moyens efficaces & suffisans à les faire croire, D'autant que les choses qui surpassent toute la faculté de nature, ne se peuuent prouuer que par moyens supernaturelz, comme sont les miracles lesquelz sont œuures de Dieu seul qui a mis des loix es choses qu'il à creez, lesquelles ne peuuent estre restrainctes ne dispersez que par celuy qui les à faictes, comme de commander au feu qu'il ne brusle point, & à l'eau, qu'elle ne coule point a val : mais qu'elle demeure ferme comme vn rocher ainsi que l'vn est arriué aux trois enfans dedãs la fournaise, & lautre aux Israclites qui passerent la mer rouge à pied sec. Or les miracles sont preuues si suffisantes de la foy, que mil demonstrations mathematiques ne si pourroyent aucunement reigler, par ce que suffit vn miracle en cõfirmation de la doctrine qui se presche, c'est autant que de veoir Dieu se faire tesmoing d'icelle puis que nul ne peut faire des miracles, sinon luy seul, ou ses saincts de par luy & le tesmoignage de Dieu surpasse tous les autres tesmoignage & argumens de verité qui se pourrõt trouuer. De la est venu la foy de plusieurs & la cognoissance d'vn vray Dieu, ainsi qu'il appert en beaucoup d'exemples, tant du vieil que du nouueau testament Naaman Prince de Syrie se voyãt soudainnement guery de sa lepre par Elisee, fut außi guery de sa lepre d'infidelité: car se voyant cõuaincu par ce miracle si euidẽt il confessa le Dieu d'Israel estre le vray Dieu, & promit n'en point adorer d'autre. Nabugedonozor ayãt faict iecter les trois Enfans dedans la fournaise, & voyant qu'ils n'auoient receu aucun dommage du feu : il creut incontinent que le Dieu d'Israel estoit le vray DIEV seul ; &

fit publier par tout sõ empire, que quicõque parleroit mal, ou blasphemeroit contre luy, qu'il fut mis à mort & sa maison destruicte.

Le mesme est arrivé à Darius successeur dudict Roy, lequel estant solicité par les envieux, de faire iecter Daniel en la fosse des lyons, voyant vne partie du iour & de la nuict estre passée sans qu'il eut receu aucune lesion par iceux. Il recogneut en sorte la toute puissance du vray Dieu qu'il enuoya vne ordonnance Royalle par tout son Empire, qui contenoit ces propos. Paix soit auec vous tous Il est ordõné de par moy, que tous mes subiects de mon Royaume redoubtent & craignent le Dieu de Daniel car c'est le Dieu viuant & eternel, duquel le Royaume ne diminuera oncques, & duquel la puissance est eternelle, Il est Sauueur & liberateur des siens, & celuy qui faict miracles au ciel & en la terre. Ces exemples sont du viel testamẽt, mais au nouueau nous auons ceux qui creurent au Sauueur du monde, qu'ils le veirent resusciter le Lazare.

Nicodeme aussi ayant veu les miracles qu'il faisoit, creut & confessa que Iesus Christ estoit vn Docteur & Maistre parfaict, venu du ciel.

Le Roytelet aussi creut, quand il veit qu'a la mesme heure que le Sauueur luy auoit dict, vas t'en, car ton fils est viuant, que son fils estoit guery. Ie laisse arriere vne infinité de miracles qu'il à faict, tant durant sa vie que durant le temps de sa passion & apres sa mort, & ceux que ses Apostres & Disciples ont operez par la puissance de leur maistre, par le moyen desquels vne infinie multitude de peuple estoit conuerty à la Foy du Redempteur.

D'ou il appert comme les Miracles sont suffisans, moyens à prouuer la verité de la Foy, & à induire les hommes à la croire, ou si desia ils ont receu ceste foy a les confirmer d'auantage en icelle, De maniere que comme quand nous voulons fischer vn clou dedãs du bois, a chacun coup de marteau il entre de plus en plus, ainsi chasque miracle est comme vn coup de marteau, auec lequel le Sainct Esprit confirme & enracine plus auant l'abitude de la foy des ames, & tant plus les miracles sont en grand nõbre & plus euidens, tant plus c'est tres noble habitude se fortifie d'auantage iusque a se faire vne tres robuste & tresferme foy laquelle nous faict aussi veoir auec les yeux, & toucher auec la main les misteres qu'elle presche, qui est vn tresgrand bien. Il ne se peut doncq' faire que le Miracle ne soit vne voye, asçauoir pour cognoistre la verité, & que la ou le Miracle se trouue, la aussi par absoluë consequence ne soit la foy & la vraye Eglise, de laquelle le miracle est vne marque infalible. Car estãt vn œuure de Dieu, vn tesmoignage de Dieu vne lettre patente escritte du doig de Dieu, vne euidẽte lumiere de la verité, ce q̃ ce tesmoignage affirme ne peut estre doubteux, ce que ceste lettre auctorise ne peut estre reiecté ce que ceste lumiere esclaire ne peut estre obscurcy. De maniere que S. Augustin disoit qu'il estoit retenu en l'Eglise par les liens des miracles. Richard de S Victor oze sainctement protester en ceste façon Seigneur si ce que nous croyons est erreur, nous sommes deceuz par vous: car les choses que nous croyons ont esté cõfirmez par des signes & prodiges qui ne peuuent estre faicts que par vous. Ce que ce bon pere disoit de tous les Articles en general de la foy de l'Eglise, nous les pouuons aussi appliquer à chacun article en particuliers comme (pour tumber sur vn subiect cõforme au Discours de ceste histoire presente) sont les pelerinages, la priere des Saincts, & la veneration des Images & reliques, lesquelles choses, d'autant que noz aduersaires ont tellement en horreur, qu'a l'occasion de cela ils nous baptisent du nom d'idolatre, & n'ont rien plus en la bouche, que telles & semblables iniures contre nous pour les conuaincre en vn mot, ie ne voudrois autre argument que les miracles que Dieu opere tous les iours en tant de saincts lieux, la ou reposent, ou les reliques des saincts ou leurs images, qu'ils allent visiter ce Sainct Temple de nostre Dame de Lorrette, auquel est enclos & enfermé la propre chambre la ou la vierge mere de Dieu nasquist, & la ou conceut le fils de Dieu. Laquelle à esté *consacree par les Apostres, & puis apres à cause de la malice des habitans de la palestine fut trãsportee par les Anges par dessus la mer en esclauonie, & de l'esclauonie en Italie la ou elle est maintenant: la ilz y verrõt mil & mil tableaux representans plusieurs miracles & guerisons de maladies incurables obtenues par les prieres de ceste Vierge. Qu'ilz aillent visiter les eglises de nostre Dame de Montserrat en Espagne. De nostre Dame du puys en Auuergne. De nostre Dame de grace en Prouence. De nostre Dame des argilliers, & de nostre Dame de Montdains, & de plusieurs autres saincts lieux, la ou les deuotz pelerins reçoiuent tous les iours des graces infinies tant spirituelles que temporelles & corporelles, & sans aller plus loing, s'il leur plaist prendre la peine de venir visiter l'Eglise de nostre Dame de Liesse. (qui est vn des plus celebres pelerinages de la France, & qui est cause (Monseigneur) de porter bon heur à vostre diocese comme ie croy) la ou ilz verront la deuotion des pelerins, la consolation qu'ilz y reçoiuent la ioye interieuse qu'ils y resentẽt, de maniere que ce n'est pas sans cause, que le nom de Liesse luy est demouré. Ilz entendront aussi comme plusieurs auront esté gueriz de maladies incurables contre l'aduis des medecins, que plusieurs ont euité de grands dangers tant de feu que d'eaue, que plusieurs desesperés de leurs affaires & en danger* d'estre ruinez, ont esté soulagez & deliurez voire mesmes que plusieurs enfans estans morts sans Baptesme, par le moyen des vœux que les parens ont faicts en ce Sainct lieu, ont obtenu ce bien d'estre baptisez. Ils verront encores quelsques figures, representans des miracles qui sont restez de la guerre. Ilz verront plusieurs chesnes & ferremens desquels plusieurs prisonniers estoient liez & garrotez sur mer & en prisons dont ils ont esté deliurez apres auoir inuoqué l'assistance de la vierge, & promis le voyage de Liesse, & s'ils ne veullent prendre la peine de visiter ceste Eglise, pour le moins qu'ils employent vne heure ou deux du temps à lire ce petit discours, & ils verront par la comme toutes choses sont miraculeuses en ce sainct lieu, l'Inuention de l'Image & le transport est miraculeux, la conuersion de la payenne est miraculeuse, le bastiment de l'Eglise est miraculeux, de maniere que chasque point de l'Histoire sont autant de miracles.

OR cela estant ainsi, qui est celuy qui puisse reuoquer en doubte que les pelerinages, la priere des saincts, & la veneration de leurs reliques & Images ne soyent agreables a Dieu, puis qu'il les approuue & confirme par tant de miracles iournaliers, Se peut il faire, que Dieu approuue l'ydolatrie, & sa superstition, laquelle le deteste si fort Ceste seule raison (Mō Seigneur) me semble suffisante pour nous deliurer de tout soubçon de mal, & s'il y en auoit nous serions excusables deuant Dieu, mais par auanture ie me suis trop estendu en ce discours: principallemẽt enuers vn Prelat de telle condition que vous estes qui n'ignorez rien de tout cela n'y de ce qui concerne vostre charge: De maniere que quelqu'vn me pourroit obiecter que ie porte de l'eau en la mer, comme on dict communement ou des noctues en Athenes, ou comme vn apprentif veult apprendre vn Maistre parfaict. Mon Seigneur, n'ayez ceste oppinion, cela n'est iamais entré en mon ame. Mais ie ne sçay comme ayant prins la plume en la main, ie me suis laissé aller en vn si longs discours, tant par vn certain zele de m'a Religion, que aussi pour seruir d'instruction au menu peuple, qui pourra lire ce Discours, & luy apprendre a tirer fruict de la lecture des miracles qui sont recitez en ceste Histoire. Il est bien vray que ce Discours s'adresse à vous non pour vous instruire, ains pour vous auoir protecteur a l'encõtre de tous ceux qui plustost esmeus de malueillance que de zele qu'ilz voudroyent censurer, & mespriser vne hystoire si notable. Oultre cela il y a beaucoup d'autres raisons qui m'ont induict à vous dedier ce petit present: car en premier lieu vous estes celuy qui tenez le gouuernail de tout ce Diocese, le Chef & le premier de tout le Clergé le conducteur & patron de ceste barque, & à qui pouuois ie mieux adresser vne

Histoire qui contient les Merueilles de la Mere de Dieu, & qui ne tend à autre but qu'a l'edification de l'honneur de Dieu qu'a celuy qui est le premier en vne eglise dediee à la mesme mere de Dieu? Ie me suis tousiours persuadé que vous auriez pour agreable ceste dedicasse que ie vous fais, non tant pource qu'il procede de moy: Car aussi n'en suis ie point l'Autheur: mais pource qu'il traicte d'vn subiect que ie sçais vous estre tresagreable. Asçauoir des merueilles de la mere de Dieu, à laquelle ie sçay que vous auez vostre affectiõ des vostre ieunesse, & l'auoir esleu pour vostre patrone & aduocate comme moy mesme l'ay entendu par vostre propre bouche, & en ay veu l'experience, vous ayant veu plusieurs fois faire le voyage à pied en ce sainct lieu auec grãde deuotion, voire mesme en vostre aage desia ancien: adiouste aussi que sans cela i'auois assez d'autre motif de vous faire paroistre l'affection que i'ay à vostre seruice, pour auoir eu ce bon heur, que d'auoir esté nourry & instruict vne bõne partie de mes ieunes ans auec Messieurs voz nepueux à l'occasion dequoy i'ay tousiours recogneu plusieurs traicts & argumens de vostre bienueillãce en mon endroict sans l'auoir aucunement merité. Et pourtant en recognoissance de ceste affection que m'auez tousiours faict paroistre, i'ay pensé que c'estoit mon deuoir, que puisque par effect ie ne pouuois satisfaire à l'obli *gatiõ que ie vous ay pour les causes susdictes, pour le moins ie vous le fais paroistre par quelque moyen & desir que i'ay de vous seruir toute ma vie. Et pour cest effect ie vous offre (Monseigneur) ce petit present lequel ie vous prie receuoir comme vn tesmoignage de l'affection que ie vous ay vouee vous priant de me tenir au nombre de voz petits seruiteurs, & en recompense ie prieray Dieu qu'il vous assiste de ses sainctes graces & benedictions.*

Vostre tres-humble &
tres-affectioné Seruiteur

C. Aubert.

Au Lecteur. Salut.

AMY Lecteur, Encores que par cy deuant on ait vendu publiquement vn petit Liure, intitulé l'Hystoire & Miracles de nostre Dame de Lyesse. Toutesfois, ie te veux bien aduertir, que cestuy-cy present, nouuellement imprimé, que nous te presentons maintenant, n'est pas de mesme que celuy qui se vendoit auparauant, encores qu'il traicte du mesme subiect, & qu'il soit assez cōforme l'vn a l'autre: car le premier & plus ancien ne porte aucun nom d'Autheur. Et d'auantage, il ressent son langage ancien mal poly, mal aisncé, & contient beaucoup de choses superfluës, & ressent quasi son Roman. De façon que plusieurs gens de qualitez, qui sont venus depuis trois ou quatre Ans ença, m'ont prié, que si i'auois quelque autre Hystoire plus authenticque que celle la, ie ferois fort bien la faire imprimer, pour contenter les esprits plus curieux, confirmer d'auantage la verité de ceste Histoire, laquelle plusieurs l'estiment quasi estre comme vne fable. Quelque temps apres, comme i'estois en peine de trouuer quelque vieille chartre, ou quelque hystorien qui traictast du mesme subiect, en fin me fut communiqué vn Extraict qu'vn Cheualier de Malte & Commandeur maintenant d'vne Commanderye qui est en ce pays Gentil Homme fort zelé & deuot à la Vierge, me dict qu'il auoit luy mesme extraicte de l'Hystoire de Sainct Iean de Hierusalem, composé par Frere Iacques Bosius, du mesme Ordre, & translaté d'Italien en François. Ayant leu ce Discours, ie le trouuay beaucoup plus autétique & vray semblable que l'autre mieux poly & plus agreable a lire. Et s'ayant communiqué a plusieurs gens doctes. iugerent qu'il seroit expedient de le mettre en lumiere, pour en faire part au public.

Et pour estre encores plus asseuré de la verité de l'Hystoire, ie le feis veoir a Paris par les Docteurs de Sorbonne, & par vn Regent, lesquels tous entendant fort bien la langue Italienne. lesquels le confererent & collationnerent sur l'Original Itallien, pour veoir si rien n'auoit obmis ou adiousté à la premiere translation, dõt ils ont donné attestation, signé de leur seing manuel, comme on verra a la fin de ce Liure.

Au surplus, il ne fault que tu doubte de la verité de ceste Histoire, puis qu'elle vient d'vn Autheur si signalé que Iacques Bosius, qui estoit Procureur general de tout l'Ordre de Sainct Iean de Hierusalem, & qui c'est aussi aydé des memoires de Frere Melchior Bandini, qui a esté Vicechanselier dudict Ordre lesquels personnages pouuoient parler de ceste Histoire plus asseurement que des autres, pour auoir esté du mesme Ordre que les trois freres Cheualiers, par le moyen desquels là Saincte Image de nostre Dame de Liesse a esté apportee en France.

Reçoy donc amy Lecteur ce petit Discours, & en fay ton profit: Priant Dieu pour celuy qui desire s'employer pour ton seruice.

HISTOIRE ADMIRABLE DE nostre Dame de Liesse, Extraicte des Annalles de l'Ordre de Sainct Iean de Hierusalem, Composé par Frere Iaques Bosius, Procureur general du mesme Ordre. Et nouuellement traduicte d'Italien en Françoís. Auec les Miracles nouuellemẽt corrigez, Reueuz de nouueau & emplisiez.

SVccedant Folquet d'Anjou, Compte d'Edesse, au Royaume de Hierusalem, par le deces de Baudouin, second du nom, son beau pere, & troisiesme Roy dudict Royaume, courant l'An de nostre salut, Mil cent trente & vn, & du recouuremẽt d'iceluy par Godefroy de Buillon, l'An trois cens vingt. Le Calif d'Egypte possedoit Ascallon ville tresforte, à vingt mille de Hierusalem, & qui pour estre passage & frõtiere desdicts Royaumes de Hierusalem & d'Egypte la tenoit tresbien munie de munition de bouche & de guerre, specialement d'vne forte garnison, renouuellee tous les trois mois, dont les Chrestiens & pays circõuoisins par leurs ordinaires courses estoient en continuelle inquietude. A quoy ledict Roy Folquet desirant remedier apres auoir luy mesmes recogneu le pays, print resolution de rebastir la ville de Bersabee (dicte aujourd'huy Eldelem) distante de quatre lieuës tant seullement dudict Ascalon, par ce moyen s'oposer & refrener l'audace de ces Barbares, ce qui fut autant promptement executé, que la necessité le requeroit, & fut en peu de temps la place renduë tres forte & inexpugnable.

Sa majesté considerant l'importance de ceste place, asseuré du tesmoignage que les Cheualiers de l'Ordre sainct Iean de Hierusalem (surnommez Hospitaliers) (& maintenant de Rhodes ou de Malte) auoient en toutes occasions rẽdu de leur valleur, cela fit qu'il leur en laissa la garde & le gouuernement, qui fut l'An mil cent trente deux. Ce qu'ayans volontiers accepté, estoient journellement aux mains auec les Sarrazins & garnison dudict Ascallon. Mais cõme les effects de la guerre succedent diuersement, inclinãt la faueur des victoires, tãtost à l'vn, & puis à l'autre party, remportans les Hospitaliers souuẽt du meilleur, quelques fois aussi du pis. Vn iour entre autres (comme recite Melchior Bandini) iadis vice Chãcelier dudict Ordre, estãs lesdicts Hospitaliers au mois d'Aoust, de l'An mil cent trente quatre, auec le courage & hardiesse accoustumee sortis de ladicte forteresse de Eidelem, pour faire abandonner & relascher, quelque quantité de bestial & autre butin que les Sarrazins auoiẽt pris sur les Chrestiẽs, ils furent desdicts Sarrazins, faignans de fuyr, attirez en vne embuscade qu'ils auoiẽt dressee expres sur le chemin d'Ascalon, & pendant qu'auec trop d'ardeur ils les poursuiuoient, se virent enueloppez d'vne infinie multitude de Sarrazins, ausquels apres auoir vaillamment & longuement resisté, furẽt en fin cõtraincts, estans trop inferieurs de force, ceder, auec vne assez confuse retraicte, dont il aduint que plusieurs demeurerent sur le champ, & autres furent blessez, & quelsques vns prisonniers, au nombre desquels, furent trois Freres germains François de nation, & Cheualiers dudict Ordre, natifs du Diocese de Laon en Laonnois, dont laisné estoit Seigneur d'Eppé, & le second de Marchois. Le troisiesme ne portoit aucune qualité ny Seigneurie : que tost apres auoir combatu tué & blessé plusieurs barbares, & receu eux mesmes de si grandes blessures, qu'ils ne se peurent retirer auec les autres, furent en fin pris prisonniers & menez en Ascalō, & de la apres estrē garis & les Barbares informez de la reputation qu'ils auoient acquise pour leur noblesse & saincteté, ils furent enuoyez au grand Caire, comme la plus pretieuse despouille de ceste victoire, & presentez au Soudan, qui lors gouuernoit toute l'Egypte soubs le Calif. Ledict Souldan les receut auec vn visage hautain, les menaçāt de les faire bien tost mourir, pour les notables dommages qu'ils auoient faits aux subiects de son maistre Calif. Et apres q̄lsques iours auec parolles gratieuses & emmiellees, les voulut persuader de renier la foy chrestiēne, pour embrasser la fausse & superstitieuse loy Mahometaine, leur ꝓmettāt de plus grādes charges & honnneurs dignes de leurs personnes & merites. A quoy les Cheualiers trescōstamment respondirent qu'ils estoient bons fideles Chrestiens, & qu'yants voluntairemēt abandonné leurs chere partie, tous leurs moyẽs & cõmoditez, ayant passé en Syrie, receu l'Ordre sacré des religieux de S. Iean de Hierusalem pour le zele de sacrifier leurs vies, pour la deffence & augmẽtation de la foy Chrestienne, estoient resoluz plus que iamais, & prest à souffrir mille morts (si tant estoit possible) plustost que condescendre à ses mal heureuses & iniques persuasiõs.

LE Souldan extremement irrité de ceste respõce, il commanda qu'ils fussent mis en vne tres-austere prison, en dõnant la garde à vn Sarrazin tres-grand ennemy des Chrestiens, ordonnant qu'il ne leurs fust baillé pour nourriture que pain & eau. Toutes fois, comme le desir luy croissoit de faire changer aux prisonniers de propos, il employe tout son industrie, pour les faire apostatiser & renoncer à la foy Catholique, & pource fit appeller les plus sçauãts Prestres & Marabouts (ainsi par eux nõmez) qui fussent en toute l'Egypte, qu'ils enuoya à la prison desdicts Cheualiers, auec expres commandement d'essayer par leur sciences diaboliques & tous autres moyens à eux possibles de les induire à la foy Mahometaine.

Ces Ministres de Satan, croyans asseurement retourner victorieux de ce combat, fondé sur vne vaine gloire de leur sçauoir, & sur les flateuses promesses & grandeurs qu'ils leurs proposoiẽt. Et d'auãtage ayãts affaire auec personnes, dont la profession estoit plustost des armes que des lettres, eurent fort aggreable ce commandement

Mais comme Dieu n'abandonne iamais ceux qui mettent toute leur esperance en luy, & l'inuoquent du fond du cœur, aussi dõna il telles forces eu Cheualiers, qu'ils ne peurent estre esmus des parolles sophistiques desdicts Marabouts, ains les firent partyr confus & vaincus, lesquels faisants rapport au Souldan, que la constance des Cheualiers estoit telle, qu'il estoit impossible de les aucunement esbransler en leur creance. Entendant cela, il conçeut vne telle indignation contre ses Marabouts, qui les chassa auec parolles picquãtes & iniurieuses, ce qui neantmoins ne les fit point desister de son desdain, ains plus eschauffé & affectionné que deuãt, ne pensoit iour & nuict qu'aux moyens auec lesquels il pourroit ranger lesdicts Cheualiers au Mahometisme, & fut au surplus si obstiné en ses intentions, que pour en venir à bout.

Il se va resondre donc, dy employer toutes inuentions humaines, pour detestables & onteuse qu'elle peussent estre. Il auoit vne fille nommee Ismerie, ieune & autãt douee des dons de nature, qu'autre qui fut de son temps, & tresbien instruicte en ce qui dependoit de sa Loy.

OR il se persuada, que cela seroit vn subiect, par lequel il pourroit auoir issuë de son intention, & qui n'ayant peu rien aduancer par toutes les autres inuentions, qu'il le feroit par la beauté & mignardise de sa fille Ismerie, si bien que les Cheualiers attirez de quelque concupiscence, condescendroient en fin à sa volonté. Il descouurit ceste furieuse diabolique & desnaturee deliberation à sa fille, la priãt de s'eforcer à l'affectuer prõptemẽt, & dextrement y employer toute l'industrie dont elle se pourroit aduiser, mesme de cõdescẽdre tout à ce dont par les Cheualiers seroit requise, pourueu qu'elle emportast la victoire, ô enorme bestial, & plus que barbare meschanseté Bien voulut icy le diable employer ses forces & artifices. Toutesfois le tout puissant, qui des plus griefues offences, souuent faict naistre de tresgrands benefices, ne voulut tant seullement par ce moyen attirer la Damoyselle à nostre saincte foy: mais d'auantage par la constance & merite des Cheualiers, il orna & encherit la Frãce de plus riche meuble noble & precieux ioyaux celeste q̃lle ait, qui est la miraculeuse Image, qui est nostre Dame de Lisse, par l'admirable maniere que nous dirons cy apres.

APres auoir Ismerie receu cet execrable cõmmãdement, tresdeireuse de l'executer au contentement de son Pere, & ayant bonne oppinion de sa beauté & de son bien dire, incontinent elle s'achemina à la prison des Cheualiers, ou apres les auoir courtoisemet saluez, leur dict qu'elle estoit fille du Souldã, & que meuë de compassion elle les auoit voulu visiter personnellement, sçachant speciallement la resolution du Souldan, qui apres les auoir faict sentir tous les tourmẽs, qu'humainement se pourroient excogiter, les feroiẽt en fin cruellement mourir, si mieux n'aimoient quitter leur Religion, & embrasser la Mahumetaine, par ce qu'on les prioit bien de cõsiderer le miserable estat auquel l'ostination les tenoit, moyennant qu'on leurs ꝓmettrẽt de la partie du Souldan, qu'ils seroient esleuez en richesses &

aux plus haultes charges & dignitez, les asseurants qu'en toutes occurrences elle leur seroit fidelle protectrice & aduocate.

Les cheualiers esmerueillez que ceste fille rare en beauté & qualité fust entree là dedans toute seule, la remercierẽt de la grande courtoise dont elle vsoit enuers trois pauures esclaues en lieu si vil & abiect. Mais quant aux charges & offices qu'on leur presentoit, que le Souldã deuoit perdre l'esperance qu'ils les deussent si cherement achepter: car ayãts en receuãt l'Ordre de cheualiers ceint l'espee pour la deffence de la vraye Foy, Combien qu'alors pour estre prisonniers & esclaues ils ne peussent auec icelle, & par la voye des armes en faire preuue, ils estoient prests & disposez d'endurer toutes sortes de tourments & la mort mesme pour la confession de ladicte foy, ce qu'ayans faict, encores ne pouuoient ils satisfaire aux obligatiõs infinies qu'ils auoient à nostre Redempteur Iesus Christ, lequel estãt Dieu, Createur, Roy & Seignr de tout l'vniuers neãtmoins afin de no⁹ rachepter des peines eternelles & des mains du diable, s'estoit tant abbaissé, que de prendre chair humaine au ventre de la glorieuse vierge Marie pour se faire hôme, pour viure icy bas l'espace de trentetrois Ans, en continuels trauaux & pauureté, & finallemēt apres auoir enduré infinis tourmēts, mourir ignomenieusemēt en l'arbre de la croix.

De ce ppos print Ismerie occasiõ de disputer, voulant prouuer sa religion estre la vraye, & la Chrestienne vaine & abusiue, toutesfois les apparentes & pertinentes raisons des Cheualiers la rendirent confuse, & ainsi se partit pleine de doutes & scrupules sur la supersticieuse loy Mahometaine, & informa son Pere, de ce qui s'estoit passé entre elle & les Cheualiers, dequoy il entra en telle rage & despit, qu'il se resolut de les faire miserablement mourir, partant il commãda qu'ils fussent mis en plus estroicte prison & que le pain qui leur estoit iournellement donné fust retranché. Pour asseurãce dequoy s'asseurer, il osta les clefs au Geollier & les bailla à Ismerie pour y aller toute seulle, & leur porter pain & eau tant seullemēt, & si sobrement qu'a peine les peut maintenir en vie, esperant encores par ce moyen, & de la continuelle conuersation de sa fille, les attirer à son intention.

ISmerie qui desia meuë de parolles des Cheualiers, ou plustost d'inspiratiō diuine, les voulut interroger & escouter, accepta volōtiers la garde de la prison, en laquelle ne faillit le lēdemain fort matin, de si rēdre seule. Et apres auoir ouuert la porte, & courtoisemēt salué les trois Cheualiers, s'excusa sur le cōmandemēt du Souldan, de ne leurs auoir apporté d'autres viures, ny en plus grande quātité leur disant que l'occasiō de cela procedoit de leur trop grande obstination, les priāt de suiure son conseil, par lequel ils pourroient faire le salut de leurs ames, se deliurer de tant de miseres & trauaux, & finablement paruenir à de tresgrandes richesses & honneurs dicy. De rechef cōmença vne forte dispute, ou les Cheualiers assistez de la grace de nostre Seigneur, sceurent tellemēt expliquer tous les misteres treshauts de l'incarnatiō du verbe eternel, la vie, les miracles, la mort, la Resurrection, & l'ascention de Iesus Christ, les vertus, les excellences, les merites l'entiere virginité auant l'enfantemēt en l'enfantement, & apres l'enfantement de la glorieuse vierge Marie, que la Damoiselle Ismerie, pendant que les Cheualiers parloiēt, se sentoit mesme esmouuoir, & luy sembloit que leurs parolles fussent autant de flammes qui la penetroient iusques au cœur, laquelle estãt retournee au logis, se retira en son cabinet, & commença à souspirer grandement, & se reduisant en memoire les parolles des Cheualiers, & speciallemẽt celles qu'eles auoit entendu de la vierge Marie, il luy sembloit resentir vne grãde & singuliere douceur en son cœur, tellemeut que chaque heure luy sembloit mille ans, iusques à ce que le lendemain fut venu pour retourner en la prison, & ouyr de nouueau lesdicts Cheualiers discourir de ce subiet, lesquels voyans qu'elle prenoit vn goust merueilleux en leurs ꝓpos, ils conçeurent vne bonne issuë, & s'efforcerent de la rendre capable des choses appartenãtes à nostre saincte Foy, & de luy racompter la vie & les miracles de la glorieuse vierge Marie mere de Dieu, dont aduint que ceste fille s'afectionna tellemẽt à en ouyr parler que iour & nuict ne pensoit à autre chose, & tout ainsi q̃ celuy qui ayme fermemẽt, desire cõtinuellement auoir ꝑsent le portraict de la chose aymee. Aussi à ceste Damoyselle suruint & creut vne tresgrande affectiõ de voir vne Image de celle qui les

Cheualiers auoiét dit tât de vertus & excelléces admirables, sçauoir de la tresglorieuse vierge mere de Dieu, & pourtant leur demãda vn iour fils en auoiét aucune à quoy respondant que non, leur repliqua puis apres, que fils pouuoient & vouloiét luy en faire vne, que de la en auant, tant qu'ils seroient en prison, elle leur apporteroit au deceu de son Pere, bonne quantité de viures, promettant apres les deliurer & dõner commodité de retourner en Syrie, ou la ou bon leur sembleroit. Laisné des trois promit, moyennãt qu'elle apportast bois & ferrement d'accõplir ce saint desir dont elle fut fort ioyeuse. Mais incontinét qu'elle fut partie de la prison les deux plus ieunes estonnez de la promesse faicte par leur Frere, laquelle estoit impossible d'accomplir, luy reprochoient sa legereté, de promettre chose, dont la Princesse pourroit conceuoir bien grande indignité contre eux, & leur feroit mauuais traictemét.

A quoy respondit, qu'ils ne deuroient de rien douter, ains croire que nostre Seigneur & sa glorieuse mere, pour l'honneur desquels, & du salut d'Ismerie il auoit faict ceste promesse ne les abandonneroit.

VAu iour suyuant, elle ne faillit de retourner vers les Cheualiers, portant du bois & oustils pour faire l'Image, & abondance de viures, les priant d'vser de diligence telle, qu'au l'edemain elle trouuast l'Image parfaicte. Apres le departemét de la Princesse les deux ieunes Freres de rechef estonnez, à cause de sa perseuerence, reprocherét de nouueau á leur aisné, son imprudence, à promettre ce dont il ne pouuoit s'aquiter, mais luy trescōstant, leur remōstra, qu'ils ne deuoient limiter la toute puissance de Dieu, duquel ils pouuoiét esperer par l'intercessiō de la glorieuse vierge Marie toute consolation & ayde : & pour ceste fin, qu'ils se deuroiét mettre à leur faire deuotes oraisons. En ceste cōfiance, suyuant, & executant ce sainct conseil, ils s'endormirent. Et enuirō la mynuict, s'apparut dans la prison, vne tresgrāde clarté & splēdeur, suyuie d'vne tressuaue odeur & grāde melodie d'Anges qui resueilla les Cheualiers dequoy du cōmancemét furét fort estonnez, ne pouuant iuger si c'estoit songe ou chose vraye. Mais apres estre quelque peu asseurez, apperceurét vne Image de la glorieuse vierge Marie, posee au pres de l'aisné né, laquelle auoit pleu à Dieu par son infinie bonté & misericorde leur enuoyer. Pourquoy tous trois soudain se prosternant deuant icelle, rendirent deuotement graces à la Majesté diuine, de ce grand benefice & assistance en leur necessité, & ainsi continuerent le reste de la nuict, & iusques à ce que suruint Ismerie, qui meuë de l'affectiō de veoir l'Image qui luy auoit esté promise, alla de grand matin à la prison, auec bonne prouision de viures: ou apres auoir ouuert la porte, & veuë l'extraordinaire splendeur & odeur, demanda aux Cheualiers d'ou cela procedoit, lesquels pour estre tellemēt attentifs à leurs deuotions, ne s'apperceurent de sa venuë ny demande, qui l'occasionna de s'approcher d'eux, ou la voyans luy direnr:

Ma Dame, voila la tressaincte Image que nous vous auons promis, & qu'il à pleu à la diuinitemaiesté ceste nuict no⁹ enuoyer, vous asseurant qu'elle n'a esté faicte par œuure humaine, en tesmoignage dequoy, voyez le bois que vous auez apporté, autant entier qu'il estoit alors. La Princesse ne l'eut si tost regardee, qu'elle se ꝓsterna par grande deuotion les deux genoux en terre, disant. O rare & tres precieuse

Image, bien que tu sois belle & tres gracieuse, ie croy fermemét maintenant, que la glorieuse vierge que tu represente soit (sans comparaison) d'vne plus excellente & rare beauté que toy. Ainsi apres autres plusieurs semblables oraisõs, pria les cheualiers de luy dõner ceste Image, auec cõdition & protestatiõ, que des l'heure elle vouloit renoncer à la loy de Mahommet. & se vouer au seruice de ladite glorieuse vierge Marie, & de Iesus Christ son fils. Ce que les Cheualiers luy ayans volontiers octroyé, leur ꝓtesta de rechef qu'inuiolablement elle affectueroit ce quelle auoit promis, & que dedans peu de iours elle les deliureroit de captiuité Alors les Cheualiers, à cause du grãd cõtentement & resiouissance qu'ils sentoient en leurs ames, & qu'ils auoient de la cõuersion de la Princesse, nommerẽt ladite Image Nostre Dame de Liesse. Ismerie emporta l'Image en son logis, ou elle la mit sur vn tres riche tapis. Et de rechef, auec vne tres grãde reuerẽce deuãt icelle fit plusieurs prieres, treshumblement suppliãt la glorieuse vierge Marie, de luy enseigner les voyes, pour se pouuoir faire Chrestienne, d'autant que son pere en estant aduerty, ny cõsentiroit iamais. Ayant acheué ses prieres & demeuré lõguement en cõtemplation deuant l'Image, elle l'enueloppa en precieux draps d'or & de soye, & l'enferma en vn coffre, puis s'en alla veoir son Pere, auquel elle donna asseurãce, que bien tost les Cheualiers feroient sa volonté, dont il receut beaucoup de cõtentement, exhortant sa fille de vouloir mener à fin ceste entreprise. Mais elle qui auoit tout autre dessein, & l'amour feruent qu'elle portoit à l'Image ne permettoit qu'elle fit longue demeure à la p̃sence de son Pere, ains s'en partit soudain, & estãt arriuee à son logis, reprint de rechef l'Image, dont le regard luy causoit vne ioye incroyable, & lors commença de parler en ceste façon.

Vierge tressaincte & celeste, ce n'est sans subiect, que les Cheualiers t'ont nommé Dame de Liesse, puis qu'en contemplant ton Image ie sens par ta saincte grace vne infusiõ de ioye inestimable contentemẽt nõpareil en toutes les parties de mõ ame. Ie te supplye treshumblement, de vouloir interceder pour moy enuers tõ vnique & trescher fils, afin que ie sois faicte digne d'estre fidelle chrestiẽne, & à la fin de mes iours ie puisse voir & seruir aux Cieux, car puis qu'en contemplant seulement ton Image, ie resens icy bas telle consolation, que sera-ce de iouyr la hault de ta diuine presence. Ainsi passa Ismerie le demeurãt du iour & bonne partie de la nuict. Puis s'estant endormie, eut en vision la Vierge Marie, qui luy dit, Ismerie, aye bõ courage & ferme asseurãce en mon fils & Seigñr, tõ oraison à esté exaucee, car i'ay prié pour toy, il t'a esleuë pour chere seruaãte, tu deliureras les Cheualiers de prison, & seras baptisee & nommee de mõ nom, la Frãce sera par toy enrichie d'vn Thresor inestimable & d'innumerables graces, pour lequel mon nom y sera plus que deuant fameux & celebre. En apres tu viẽdras iouyr perpetuellement auec moy de la gloire de Paradis, & incontinent elle disparut.

SVr ce, se resueilla Ismerie, & sentãt en sa chambre infinies bonnes odeurs & merueilleuses douceurs, elle pensoit estre en Paradis. Parquoy soudain se leua du lict, & s'employa iusqu'au iour en prieres deuant l'Image, resoluë d'executer les diuines admonitions qu'elle auoit receu en vision. Et ayãt faict vn fardeau de ses plus precieux ioyaux, & d'vne bonne quantité d'argent, portát auec cela l'Image au plus profond silence de la nuict suiuãte, s'achemina à la prison qu'elle trouua ouuerte miraculeusemét & les Cheualiers endormis qu'elle resueilla, lesquels estonnez de sa venuë à ceste heure, ne pouuoient que penser, sinon apres auoir entendu ce qui luy estoit aduenu & sa resolution, furent fort resiouis. Elle doncques les exhorta de la suiure prõptement, auec confiance que Dieu & la glorieuse vierge Marie, dont ils portoient l'Image auec eux les ayderoient & conduiroient à bon port Sortãs ensemble de la prison, passerent au-trauers de la ville du grand Caire, sans qu'aucuns leurs donnast empeschement, & cheminerent iusques à ce qu'ils se rencontrerent à vn bras du Nil, ou ne sçachant comment le passer, doubtant que le Souldan auerty de leur fuitte & partement de sa fille, ne les enuoyast soudain chercher : ils se trouueroient en grãde perplexité pendant qu'ils pensoient au remede à si eminent danger.

Ils aperceurent de l'autre part du riuage, venir vers eux vn petit batteau, conduict par vn ieune Garçon qui leur dit. Entrez icy, ie vous passeray : car ie sçay vostre volõté. A quoy obeissant furét soudain trãsportez à l'autre bord. Et apres auoir mis pied à terre, disparut le Garçon & le batteau, & continuät leur voyage apres auoir cheminé quasi toute la nuict, se sentät Ismerie lasse, les pria la laisser vn peu reposer : parquoy s'eslognerét quelque peu du chemin derriere quelque buisson, ou tous s'endormirét. Et ainsi endormis, furét miraculeusement transportez en leur patrie & lieu de leur naissance, pres d'vne Fontaine, ou est maintenant situé le Bourg de Liesse. Ou apres s'estre resueillez Ismerie dict aux Cheualiers.

Ie voy que ma vision à esté affectuee, & que nous sommes en France.

PEndét ce ppos, s'entédirét pche d'eux le chãt d'vne cornemuse, à l'occasion dequoy les Cheualiers prindrét le chemin droit la, laissant Ismerie à la Fontaine, laquelle doubtant qu'ils la voullussent abandonner, les suyuit en grande haste, ne se souuenant de l'Image qu'elle laissa à la fontaine. Estãs les cheualiers arriuez pres le Bergier, dont ils auoient ouy le chant, s'informa du lieu ou ils estoient, croyants que ce fust encore Egypte, luy parloit en langue arabesque, lequel leurs respondit qu'il ne les entédoit pas Lors fort esmerueillez, recogneurent par discours dudict Bergier, & souuenãs du pays qu'ils estoiẽt pres de Marchois à eux appartenant.

Ce qu'estant aduenu, par l'intercession de la glorieuse vierge Marie, se prosternerent en terre & luy renditẽt treshumblement graces, & s'acheminant auec grand cõtentemẽt auec ledict Bergier vers Marchois, Ismerie se souuint de l'Image qu'elle auoit laissé, & pria les Cheualiers de retourner auec elle, afin de la reprendre, laquelle ils trouuerent toute baignee, festãt les eaux de ladicte Fontaine desbourdee pour l'hõnorer, dõt il aduint que ceste eau par longue espace d'Annees, guerissoit les fieures, & de plusieurs autres infirmitez.

AYant Ismecie repris l'Image, proposerent d'edifier audict lieu vne Eglise en l'honneur de la vierge Marie, pour en icelle colloquer ladicte Image, & en perpetuelle memoire du trãsport miraculeux

Mais par ce que le lieu n'estoit propre pour cest edifice, le Bergier leur monstra vn endroit proche de la, fort commode, auquel il y auoit vn Hospital, en ce lieu les Cheualiers prindrent resolution de faire bastir ladicte Eglise. Et desirant ceste matinee arriuer au Chasteau de Marchois ſuyuerent le chemin, & trauerſant vn Iardin, Iſmerie ſentit vne ſi ſoudaine & treſgrande peſanteur de l'Image, qu'elle fut cõtrainɛte de la poſer en terre, cogneurẽt que c'eſt endroit eſtoit vrayement le lieu la ou la glorieuſe vierge Marie vouloit que ſon Image fut colloquee & reueree, parquoy de recheſ promirent de faire edifier audict lieu ladicte Egliſe en la part qu'il luy plairoit. Ils n'eurent ſi toſt acheué la promeſſe, que l'Image deuint auſſi legere qu'elle eſtoit au parauant.

ET l'ayant deuotement repriſe, s'acheminerent à Marchois, & puis à Eppé, ou ils furẽt receus auec grãd contentemẽt de leurs parẽs & vaſſaux. Et ayans repoſez quelques iours, allerent en la ville de Laon, en cõpagnie d'Iſmerie qui y fut baptiſee par l'Eueſque de ladicte ville, & nommee Marie. Puis obtindrent permiſſion dudict Eueſque de faire edifier l'Egliſe, ainſi qu'ils auoient promis & deſiré, proche l'Hoſpital q̃ leur auoit mõſtré le Bergier. Et apres y auoir faict vne Chapelle, y mirent l'Image, mais le lendemain la retrouuerent au ſuſdict Iardin. De ſes deux miracles, ils cogneurent clairement qu'ils

deuoient edifier ladicte Eglise au Iardin susdict, attendu quoy ils firent vne petite Chapelle de rameaux. Et apres auoir achepté ledict lieu, ils firent faire l'Eglise qui si voit auiourdhuy, nommee Nostre Dame de Liesse, ou il á pleu à la diuine Maiesté, par l'intercession de la glorieuse vierge Marie, de mõstrer (comme encore iournellement) plusieurs grands & signalez miracles. La ieune Princesse Marie (ou par-auant dicte Ismerie) continua le peu de iours qu'elle vescut depuis en continuelles prieres, ieusnes & ausmosnes, en cõpagnie de la mere des Cheualiers, Dame de tressaincte vie & exemplaire.
Et estant passee à plus honorable vie, fut son corps enterré en la mesme Eglise nostre Dame de Liesse.

Ceste Hystoire s'est ainsi trouuee és escrits de Frere Melchior Bãdini, iadis Cheualier de l'Ordre Sainct Iean de Hierusalem, qui n'est fort discordãte de l'Hystoire imprimee à Paris par Simon Caluarin, sinon que l'historiographe mal pratiqué & informé de l'antiquité de cest Ordre, ne mesurant, ne considerant le tẽps meslé ignoramment & par trop euidemmẽt les succez aduenus, estãt cedict Ordre à Rhodes auec ceux de Syrie, puisque l'apparitiõ ou inuention de la saincte Image aduint Cẽt soixante & quinze Ans, auant qu'il allast resider á Rhodes, qui fut l'An mil trois cẽs & neuf. De plus à il est faict autre manifeste erreur racõptant les miracles faicts par ladicte Image en l'An mil cent trente neuf, qui vient iustement Cent Soixante dix ans, aupar-auant que ledict Ordre cõquestast l'Isle de Rhodes.

Miracle de Nostre Dame de Liesse.

EN l'An de grace, Mil cent trẽte neuf, il y eut vn pauure Hõme, nõmé Pierre de Fourcy, lequel n'ayant point moyen de viure, ny luy, ny sa famille, & ne trouuant personne qu'il le voulut employer à trauailler pour gaigner sa vie, fut en fin cõtrainct par necessité de desrober ses voisins, trouuant moyen d'entrer en leur grenier, où il y auoit grand quantité de bled, mais en la fin s'apperceuãt que leur bled diminuoit, & que ce pauure homme viuoit alors assez bien a son aise, veu qu'auparauant il estoit en grande necessité, ils entrerent en grande soubçon de luy, occasion pourquoy ils le guetterẽt si bien qu'ils le prindrent sur le faict, tresbien fut battu & mené prisonnier.

Ce voyant en telles miseres, eut recours a nostre Dame de Liesse, l'inuocquant souuent du fond de son cœur. Depuis estant interrogé par le Preuost, il cõfessa librement ce qu'il auoit faict, dont il fut condemnè a la mort. Estant mené au supplice, il s'adresse de rechef a la vierge mere de Dieu, luy priant sauuer la vie par ses merites & prieres. Ses oraisons faictes il fut pendu par le bourreau, si bien que le iugeant estre mort, chacun se retira du lieu du supplice, laissant le pauure homme pendu tout plein de vie.

Trois iours apres, comme vn Bergier passoit au pres de ce gibet, il entendit ce pauure hõme qui se plaignoit de ce qu'on le laissoit la si long tẽps, & esmeu de compassion par les prieres de ce pauure homme s'en va promptement aduertir le Preuost de ce qu'il auoit veu, mais en allant il eut a la rencontre ceux qu'ils le firẽt pendre, & pensant qu'ils estoient gens de Iustice, leur declara qu'il y auoit vn pauure homme pendu au gibet depuis trois iours qu'il n'estoit encores mort, & desiroit qu'on l'acheuast de faire mourir, plustost que de le laisser languir si long temps.

Ceux cy fort esmerueillez de ceste nouuelle, s'en vont promptement au gybet, prenent vne eschelle & montent en hault tirent leur cousteau sur ce pauure homme luy donnans plusieurs coups au trauers du corps pour le faire mourir, ce que toutesfois ne peurent faire.

Le Bergier voyant ceste cruauté, s'en va aduertir le Preuost, lequel vint promptemẽt veoir ce qui s'estoit passé, mais chose admirable, il trouua ces deux Voisins sur l'eschelle, tellemẽt liez & attachez par les iambes, qu'ils ne pouuoient descendre.

LE Preuost voyant cela, il demanda au patient, la cause pourquoy il ne pouuoit mourir, & qu'il luy auoit sauué la vie. Ce pauure homme respondit que s'estoit nostre Damè de Liesse a laquelle il s'estoit voué Pour ceste occasion le Preuost condemna les deux Voisins de faire despẽdre le patient, & le faire guerir, le nourrir luy & sa famille tout le temps de sa vie.

Quand le pauure Homme fut guery,

il vint rendre action de graces en l'Eglise de nostre Dame de Liesse par les prieres, de laquelle il auoit esté garẽty de la mort.

Second Miracle.

EN l'An Mil cent cinquãte deux Au Cõpté de Neuers, & Duché de Berry, il y auoit vne ieune Damoiselle qui dõna sa fille en mariage à vn Gentil Homme fort honneste & vertueux, demeurant à six ou sept lieues de la. Ceste Damoyselle aymoit tãt son gendre & sa fille, que souuent elle les alloit visiter en leur maison, & seiournoit chez eux assez long temps, se recreant & faisant bõne chere auec eux, & visitoient quelsques fois leurs parens ensemble, & mesmes allant quelsques fois en pellerinage en leur compagnie. Or vn iour il luy prit vn desir d'aller à nr̃e Dame de Liesse, d'autant qu'elle estoit fort affectionnee vers la vierge, en signe dequoy elle l'inuoquoit tous les iours de bõ cœur. Estant de retour de ce voyage, les voysins la voyant si souuent auec son gendre entrerent en quelque mauuais soupçon, d'autãt qu'elle estoit encore assez ieune & belle.

Entre autres, il y eut vne mauuaise femme

d'vn Boucher, laqlle indiſcretemēt tirāt à part ceſte Damoiſelle, luy declara le ſoupçon qu'on auoit de ceſte frequente conuerſation, deſquels propos ceſte Damoyſelle fut ſi deſplaiſante, qu'elle delibera faire mourir ſon gēdre, ce quelle accōplit incontinent apres. Mais ayāt faict ce meſchant acte, elle en cōçeut telles douleurs & triſteſſes, qu'elle ne faiſoit que lamēter & implorer l'aſſiſtāce de noſtre Dame de Lieſſe tous les iours, á ce que c'eſt homicide ne vint en cognoiſſance des hōmes. Eſtant repentante de ce peché, ſe confeſſe à vn preſtre, duquel elle receut l'abſolutiō Mais ce miſerable, l'ayant requis de ſon deſhōneur, & n'ayant impetré ce qu'il demandoit, accuſa ceſte Damoyſelle à la Iuſtice, de l'homicide cōmis en la perſonne de ſon Gendre. Ce qu'ayant confeſſé publiquement deuant le Iuge, elle fut condamnee à eſtre bruſlee deuant ſa maiſon.

La pauure Damoyſelle triſte & deſolee, auoit touſiours recours à noſtre Dame de Lieſſe, & mit tellement ſon eſperance en ſes merites & prieres, qu'elle ſe perſuada que ſa vie ſeroit ſauue. Le iour eſtant venu auquel elle deuoit receuoir ſentance de mort, eſtant amenee à la place publique, pour estre bruslee, le feu se retiroit arriere d'elle, tant plus on taschoit a le faire approcher, de sorte qu'elle ne receut aucun dommage, dequoy le Preuost fort estóné, luy demanda qu'elle chose la preseruoit ainsi du feu, a quoy elle respondit, que cestoit nostre Dame de Liesse, & lors declara au Iuge, comme vn prestre auoit reuelé sa confession, par ce qu'elle n'auoit voulu consentir a sa peruerse volonté. Incontent apperceuant le prestre qui estoit la présent, le monstra au Iuge, & soudain deuant tout le peuple le diable l'emporta visiblement, & la Damoyselle eut la vie sauue par les prieres de la vierge.

Troisiesme Miracle.

EN Bourgongne il y auoit vn Marchand lequel ne pouuoit auoir enfant de sa femme, occasion pourquoy se voua a nostre Dame de Liesse, promettāt de visiter son Eglise, s'il pouuoit par son intercession obtenir ce qu'il desiroit, ayant faict son veu, la femme fut enceincte deuant la fin de l'Annee. Et comme elle estoit preste d'accoucher, enuiron vn mois deuant, ce Marchand voulant accomplir ledict veu, se mit en chemin pour visiter l'Eglise nostre Dame de Liesse, mais il fut volé en chemin, & despouillé du tout ce qu'il auoit par les brigans & larrõs, qui le lierent à vn arbre la ou il fut deux ou trois iours, & de la fut deliuré par vne fille, s'estât recommandé à nostre Dame de Liesse.

Pendant ce tẽps, sa femme accoucha d'vn beau fils: mais enuiron quinze iours apres la natiuité de l'enfant, la mere se baignoit, estât endormie dedans le bain, laissa tomber son enfant qu'elle tenoit dedans leau dont il fut noyé. La Iustice estât aduertye de cela, condemna la mere à la mort: mais le mary retournant de son voyage qu'il auoit fait à nostre Dame de Liesse, quatre iours apres la mort de l'ẽfant, qui ia estoit enterré, & ayant entendu que sa femme estoit condemnee à la mort, & que lors on l'aloit executer, courut fort hastiuement vers le Iuge & luy dict qu'il desiroit parler à sa femme ce que luy estât accordé & ayãt entẽdu d'icelle, que l'enfant estoit fort beau, il pria le Iuge de luy faire veoir, & combien qu'il fut enterré de quatre iours, il ne cessa de prier, tant qu'il obtint de le faire deterrer & apporter deuant le Iuge. Cela faict (chose admirable) cest enfant sentoit comme baume. Lors ce pauure Pere voyant son enfant mort, si beau & si vermeil, se mit deuotement à genoux, & reclama si haut nře Dame de Liesse, que chacun l'entẽdit, & fit sa priere en ceste sorte. Belle Dame, c'est enfant nous à esté donné par voz prieres, ie vous prie monstrez vostre miracle, car ie croy que vostre fils ne vous refusera point, incontinent apres cest enfant commença à cryer & ietter plusieurs souspirs deuant la Iustice, qui fut cause que le Iuge renuoya la femme saine & sauue auec son mary.

Le quatriesme Miracle.

IL y auoit vn certain gẽtilhõme nepueu d'vn Compte, lequel par faux rapport de deux maquerelles qui l'accusoyent d'auoir violé vne fille, fut condamné à estre deuoré en la fosse aux lyõs, ce qui fut executé durant ce temps que son oncle estoit allé en pelerinage à nře Dame de Liesse, car il fut ietté à la fosse aux lyõs pour estre deuoré, & furẽt deliurez cẽt escus à la fille qu'on disoit auoir esté forcee par iceluy.

Il auint depuis que les deux maquerelles qui gouuernoiẽt la fille, s'entretuerẽt l'vne l'autre par vn iugemēt de Dieu. Trois semaines apres le Compte estant retourné de son voyage, demanda son Nepueu, á quoy on luy fit responce qu'il estoit mort.

Et ayant entendu la cause & l'occasion pourquoy, il inuoqua nr̃e Dame de Liesse & de l'heure mesme voulut aller veoir la fosse en laquelle sondict nepueu auoit esté ietté. Quād la fosse fut ouuerte le nepueu commença à cryer. C'est mal faict que ne me tirez hors d'icy. Dequoy le Iuge estāt bien estōné le fit tirer incontinent dehors sain & entier sans aucun mal, disant qu'il n'auoit faict que dormir en ce lieu la, & qu'il auoit esté preserué de la rage des lyōs par les prieres de nostre Dame de Liesse, laquelle il auoit de coustume souuent reclamer.

Le cinquiesme Miracle.

LE sixiesme iour de Iuillet, l'An mil cinq cens cinquante quatre en la ville de Laon, arriua vn grand miracle, tel qu'il s'ensuit.

Il y eut vne femme enceincte, laq̃lle fut l'espace de quatre iours sans pouuoir enfanter, dōt tost apres auoir essayé tous les moyens humains, & ne pouuant trouuer allegement en son mal, estant en grande angoisse, eut recours à la sacree Marie, & fit vn veu de visiter l'Eglise nostrė Dame de Liesse, ce qu'ayant faict, elle fut incontinent deliuree, mais quand l'enfant fut nay, il ny auoit aucune apparence de vie en luy, & fut l'enfant l'espace de quatre heures en tel estat.

Ce que voyant, la mere se prosterna à deux genoux les mains ioinctes vers le ciel, priant la mere de Dieu, d'impetrer la vie á son enfant par les prieres & la grace d'estre baptisé, & qu'en action de grace elle feroit chanter vne Messe haute deuãt son Image de Liesse, & y presenteroit vn clerge pesant trois liures, en l'honneur de la saincte Trinité, incontinent sa priere faicte, l'enfant commença à mouuoir, & fut baptisé,]

CESTE FIGVRE REPRESENTE LA triõphante victoire du p̄cieux corps de Dieu aduenu en l'Eglise nostre Dame de Liesse.

AVTRE MIRACLE D'VNE *demoniacle de Vrenin, qui à esté deliuree de vingt sept diables en l'Eglise nostre Dame de Liesse.*

EN l'An de nostre Salut, Mil cinq cens Soixante cinq.

Pius quartus, & apres Pius quintus, estans Papes de Rome, & du regne du tres Chrestien Roy de France, Charles, neufiesme de ce nom. Il est aduenu qu'en ladicte Annee, le troisiesme iour de Nouẽbre sur les trois heures apres midy en la vile de Vreuin, vne ieune femme, qui se nommoit Nicole Aubry, aagee seulement de quinze à seize ans, fille de Pierre Aubry, & de Catherine Vuillot, estant seule en l'Eglise, & priant Dieu pour les trespassez, s'estant agenoillee sur le Tombeau de deffunct son pere grand Ioachin vuillot, apparut deuant soy, comme vn homme enseuely, parlant a elle par trois fois, se disant estre son pere grand, ce qu'elle creut, & aussi tost la posseda & trauailla tant, qu'il sembloit qu'elle en deust mourir, au iugement des Assistans, Parquoy l'extreme vnction luy fut administré. Toutesfois demeurant toute euanouye & comme morte, le pere grãd qui s'estoit apparu à elle premieremẽt, en forme d'vn hõme enseuely interieuremẽt, & puis qu'il fut veu d'autre que d'elle, s'apparut derechef & parloit à elle. Laqlle estãt vn peu reuenuë & repris ses esprits, commença faire entẽdre à ses parens, que sondict pere grand s'estoit aussi apparu à elle, en la forme que dessus luy disant, que pour sa deliurance des peines de Purgatoire ou il estoit detenu, pour n'auoir esté cõfessé, preuenu d'vne mort subite apres souper, & n'auoir peu declarer les veux qu'il auoit faicts durant sa vie, il estoit besoin faire celebrer des messes, donner des aumosnes, & faire les pelerinages qu'elle auoit entendu.

OR les parents & amys quelque tẽps apres l'entier accõplissement de ces pelerinages, messes & aumosnes, voyant que ladite Nicole aubry ne laissoit d'estre trauaillee & tourmentee, auoient opinion que par faute d'auoir accomply le voyage de Sainct Iacques qui estoit encore à faire ou bien cõuerty en quelsques autres bonnes œuures elle continuoit d'estre ainsi tourmentee. A quoy desirant remedier, les susdicts parẽs, par l'aduis de quelsques gens de bien prierét Maistre Glandé lautrichet, l'vn des Curez dudict Vreuin, & Maistre Claude lourdet, maistre d'escolle, de cõiurer ce pere grend qui s'appatoissoit aussi à ladicte Aubry, ce que firent lesdicts Lautrichet & Lourdet, aux premieres cõiuratiõs, ledict grand pere respondit comme tousiours, depuis par l'organe de ladicte Aubry estre de Dieu, & enuoyé de Dieu & de Ioachin vuillot, & bon Ange d'iceluy, mais au contraire par ses effects, il fut iugé ange des tenebres & sathaniques, cõme aussi tost par viues raisons fut declaré par Frere Pierre de la motte, Predicateur de l'ordre sainct Dominique, & iugé estre vn méteur & esprit diabolique, & comme tel par ses coniurations, qu'il continua tant qu'il fut à Vreuin, le pressa de sortir & quitter ladicte Nicole Aubry.

Aussi se pere grand ne pouuant plus dissimuler, quoy qu'il se fust parauant fort deffendu: Finablement fut contrainct de dire & respondre qu'il estoit Beelzebut, entré seul en la possession de ladicte Nicolle Aubry, & non par autre raison, que par ce que la mere & le mary de ladicte Aubry à luy l'auoient donnee, & que mesme elle luy auoit laissé son consentement le croyant estre son pere grand, ce qu'il le recogneut assez depuis pour estre tel par les estranges & horribles extortions qu'il faisoit aux mébres de ladicte Aubry, lors que les Prestres qui la côiuroient luy presentoient à veoir la saincte Hostie, la rendant immobile, roide, insensible, & côme vne piece de bois, & nô seulemét en ceste permiere forme, il s'apparut á elle: mais en vn autre d'vn hôme fort aspre, laid, hydeux & noir, qui fut cause qu'elle ne creut plus qu'il fust son pere grand, & à l'instant la transporta de la place ou elle estoit, iusques à trois fois, continuant de trauailler & affliger ceste pauure creature, Neantmoins fut contrainct confesser en la coniuration, qu'il n'auoit point de puissance sur l'ame de ladicte Aubry, seullement sur son corps, par ce qu'elle ne luy auoit rien voulu accordé aussi tost quelle s'apperceut qu'il estoit vn malin esprit, & de craincte qu'elle ne receust son Createur au matin, côme elle auoit accoustumé en la maison de son pere, tátost il la rédoit muette, vne autre fois sourde, & apres aueugle, ainsi côtinuát ses ruses pour la diuertir de se côfesser des larrecins qu'il sçauoit luy auoir faict faire, & suggeré en la maison de ses pere & mere, la rédant & laissant tout à coup muette, sourde, & aueugle Neantmoins Dieu le Createur ne laisse tant de puissance à ce malin esprit, qu'il ne reste quelque iugemét à ceste pauure creature, pendant qu'elle estoit en cest estat pour demander par signes ; mettant le doig en sa bouche qu'elle auoit besoin de boire & manger iusque à ce qu'il pourroit retourner la posseder & affliger d'auátage comme il faisoit quelque temps apres, & par interual, & cótinuant par lorgane de ceste pauure creature dire ce qu'il vouloit, meslant de la verité auec mensonge, se jasant & mocquant quelsquesfois de l'vn & de l'autre des assistás accusant les plus secrets pechez d'aucuns qui n'auoient confessez aux prestres ce qu'aucuns ont cófessez & recogneu estre vray, tout ce que dessus ce faisoit pendant que le Religieux de l'Ordre S. dominique predicateur annonçoit la parolle de Dieu durant l'auant en l'Eglise & Paroisse dudict Vreuin, qui ayant entreprins ceste coniuration, estoit tousiours accompagné des susdicts gens d'Eglise, tát en l'Eglise qu'en la maison, pour la fortifier de tant plus par prieres & oraisons contre les desseins de ce malin esprit excitant par ses predicarions le peuple de Vreuin à deuotion, se mettre en bon estat & continuant les processions & deuotiõs qui se faisoient iournellement en ladicte ville, par le moyen desquelles, & par l'attouchement de la Croix à la bouche, aux yeux & oreilles, la parolle la veuë & louye luy estoient rendus. Durant lequel se confessa de tout ce que ce malin esprit l'auoit accusé, receut l'absolution, & aussi tost la saincte Hostie. Ce que voyant Beelzebut encore qu'il eust appellé plusieurs diables à son ayde, & pour la reception que faisoit ladicte Nicole Aubry du corps de IESVS Christ en la saincte Hostie, plusieurs fois en vne heure se trouua vaincu & cõtrainct cõfesser la verité. Par ce moyẽ, & à l'instãt se trouua ladicte Aubry saine d'esprit & de corps, enflambee de deuotion, & ornee de gratieuse beauté, surpassaut la naturelle Ce que recognoissant Beelzebut, que par la realle presence du corps de nostre Seigneur en la saincte Hostie, il estoit contrainct de quitter la proye aussi tost qu'il se sentoit emparé, Fut aussi contrainct de dire & cõfesser aux Ministres des pretendus reformez qui se presenterent a le coniurer, qu'il ne feroit rien pour eux, s'asseurant bien qu'il estoit leur Maistre, qu'ils estoyent des siens qu'il aymoit bien.

Et comme il se veoyt aussi tost chassé qu'il estoit entré, S'empara d'vne iambe, & y fit son fort : puis au bras gauche, les rendans insensibles & sans function naturelle, lors qui la laissoit.

Et quand il la possedoit, il en vsoit plus que de l'autre. Ne se cōtentant ce malin esprit de tout ce qu'il auoit faict parauant, se fortifia encor de vintsix autres diables, qui en horribles visions apparoissoyent à ladicte Aubry, tantost comme si auec espees & dagues l'eussent voulu tuer & massacrer. Autres-fois comme gros chats noirs, aussi grands que moutons, qui la vouloyent estrangler : & comme flambeaux de feu, sentant fort le souffre, qui luy entroient aux yeux & en la bouche, dequoy se sentoit quasi estouffee.

Ces presentations la faisoyent tressaillir de peur, & mettre les mains deuant ses yeux.

En cest estat, fut menee & conduicte

par ses Pere & mere, assistee du dessudict Religieux en l'Eglise nostre Dame de Liesse, ou par la perception du corps de nostre Sauueur & Redempteur IESVS CHRIST en la Saincte Hostie, & de l'intercession de la glorieuse vierge Marie,

Apres la coniuration faicte en ladicte Eglise nostre Dame de Liesse, par lesdicts Religieux, vingt six diables des trente, nouuellement venus au secours de Beelzebut, furent chassez.

Et le lendemain vn autre nommé Legio, ou en l'Eglise du Bourg de Pierrepont, fut chassé par l'intercession des Saincts & Sainctes, desquels les sainctes Reliques & Chasses y residoient.

Et ceux qui ne se peurent chasser que par l'Euesque de Laon (comme l'auoit dict Beelzebut) à ceste occasion ladicte Aubry fut conduicte & menee à Laon, par ses pere & mere & parens, le Ieudy vingt-quatriesme iour de Iauier, Mil cinq cens soixante six, ou estant arriué à grand difficulté trouuerent logis, par ce qu'on craignoit de loger le diable, qui reueloit les pechez des personnes, toutesfois logerent en l'Hostellerie des porcelets.

Ainsi la rendant entre les mains de Reuerẽd pere en Dieu, Messire Ieã de Bours, tresdigne Euesque & Duc de Laon, qui la à Vreuin s'estoit trãsporté pour cest effect. Or depuis Vreuin iusques à Laon nostre Seigneur Iesus Christ, comme par vn ieune garçõ (s'il n'est autre) les sauua tous du peril des eaux deuãt Liesse. Cõme pareillemẽt par Reuerẽd pere en Dieu Frere Geoffroy de Billy, de la noble maison de Prunay, Abbé de sainct Vincent de Laon, & à present Euesque & Duc de Laon, furent deliurez de la mauuaise volonté des desseins des ennemys de l'Eglise Catholique, pendant qu'ils estoient à Pierrepont, & estoit ledict Sieur Abbé. Pendant dõc que ladicte Aubry estoit à Laon, & du cõmencement les pretendus reformez obtindrent permission de la veiller en l'Hostellerye ou elle estoit qu'en la prison, ou elle fut menee à la requeste desdicts pretendus reformez, ou ils eurent grand peur à la tenir, voyant en icelle les contraires effects de l'Autheur de mort & du pain de vie, ou quelsques vns de leurs Medecins, mesmes apres vn furieux dueil, luy bailla vn breuuage fort puant & pernicieux, non sans le peril du corps d'icelle, laquelle outre cela, ils menasserent de faire mourir. Pourquoy il fut necessaire la mettre en seureté, comme trescharitablement receu, nourrit, soustint & deffendit Frere Pierre de Spifane Cheualier, de l'Ordre de sainct Iean de Hierusalem, Commendeur de Chastillon & de Pisieux.

Ces choses ainsi passees, le Reuerend pere Euesque en grande humilité & patience, s'affligea par oraisons, ieusnes, & autres labeurs, secondez des Venerables Maistre Christophle de Horcor Doyen, Maistre Nicaise pezé l'Official, & autres notables persones du Chapitre, & Bourgeols de ladicte ville de Laon, en la presence d'vne infinité de peuple, à la requeste duquel vn eschauffaux fut dressé en la nef de la grande Eglise, sur lequel apres plusieurs coniurations furent par le grand deuoir & trauail du Reuerend Euesque & Pasteur les trois autres diables chassez, côme plus amplement il se peut veoir par l'Histoire qui est escrit par Ieã de bouleze prestre, Professeur des lettres hebraiques.

Le sixiesme Miracle.

L'An mil cinq cens 79. Le premier Dimanche de Caresme. Vn ieune homme nommé Iean poirier demeurant a Monthery aagé de quatorze ans, fut frappé d'vne vire en la teste, de telle sorte que le coup penetroit iusqu'au cerueau : mais soudain qu'il se sentit frappé, se recõmenda à Dieu & à nostre Dame de Liesse, promettãt de venir visiter son eglise, auec vn clerge pesant vne liure en sa main, ce qu'ayant faict il se sentit aucunemẽt allegé, & en peu de tẽps fut du tout guery, & en actiõ de grace de ce benefice, il accõplit son veu, & aporta certificat de la iustice du lieu, auec vne teste de bois, percee d'vne vire representãt le miracle, laquelle se voit encores en ladicte Eglise nostre Dame de Liesse.

Autre Miracle nouueau.

L'An Mil cinq cẽs quatre vingtz & deux. La maladie contagieuse regnant au Village de Bay en Thierache, pres l'Abbahye de Boursfontaine, vn certain Religieux de la mesme Abbahye, nommé Frere Ancelme Hutim, prestre, natif de Vreuin, estant au.

dict Village en fut frappé, de telle sorte qu'il en perdit l'vsage de raison, & sentiment du corps, & ce par l'espace de quatre iours sans parler & delaissé pour mort. Mais le veu ayant esté faict en son nom, de visiter l'Eglise nostre Dame de Liesse. Au mesme instant il commença à chanter le Salue regina formellemét & à pleine voix. Et quelque temps apres, luy & sa garde en furent preseruez miraculeusement par les prieres & intercessions de la glorieuse vierge, en memoire dequoy, il à enuoyé vn Tableau, qui contient l'Hystoire dudict Miracle, lequel pour le iourd'huy est encor en ladicte Eglise.

Il y à plusieurs autres Miracles qui se font tous les iours par les prieres de ladicte vierge, desquels nous ne faisons point mention en ce discours, d'autãt que nous n'en n'auons point encor d'assurance certaine pour le present. Mais nous esperons auec le temps, que nous en aurons bonnes Attestations les faire adiouster auec ceux-cy.

Autre Miracle nouueau.

L'An Mil cinq cens quatre vingt & neuf au mois d'Aoust, le feu par fortune se prit au Chasteau de Blesneaux, pres d'Auther, auec telle violance, qu'il surpassoit la cheminee de deux lãces de hault, de sorte que la grãge qui estoit ꝑche & plaine de grain fut en grand danger d'estre bruslee & tout ledict Chasteau. Et combien que chacun s'employast pour estaindre le feu, il ne laissoit de s'augmenter, qui donna telle apprehension au Seigneur & à la Dame du lieu, que voyant que les moyens humains ne seruoient de rien, ils se retirerent à part dans vne chambre, la ou se prosternans à genoux, ils firent veu, que s'il plaisoit à Dieu deliurer ledict Chasteau de ce feu, ils feroient faire vn petit chasteau d'argent auec vne cheminee de mesme façon que celle qui brusloit, & la porteroient ou enuoyeroient à nostre Dame de Liesse.

Apres lequel veu faict, & leurs prieres à ladicte vierge, soudain le feu cessa, en memoire dequoy ils firẽt faire ledict chasteau & cheminee, sçauoir ledict Chasteau pesant deux marcs cinq õces, & la cheminee vn marc, & les apporterẽt eux mesmes en ladicte Eglise, le 13. Iour de Iuin. 1602. comme il est amplement contenu au Registre du Greffe de la Iustice de Marchair & Liesse, en dacte desdicts Iours & An.

Autre Miracle.

AV commencement des guerres ciuilles derniers, lors que la noblesse estoit diuisee de partie, les vns tenant le party du Roy, les autres celuy de la Ligue. Vne certaine Dame, femme de Monsieur de la Croix, Gentil-hõme, demeurant pres de Chartre lequel pour lors tenoit le party du Roy, fut inuestit en son Chasteau, la veille de Noel, enuirõ l'heure de Matines, par ceux de la ligue, lesquels demanderent d'entrer dedans le chasteau, mais la Dame ayãt entendu le bruit des soldarts, vint parlementer auec eux à l'ẽtree de la porte, & s'estãt excusé de ce q̃lle estoit vne femme qui ne faisoit la guerre à persone, n'ayant aucune garnison à sa maison, les pria de se retirer, leur remõstrãt qu'elle ne pouuoit faire ouurir la porte à tel heure, cependãt qu'elle parloit auec eux, ils firent iouer vn petart qu'ils auoient attaché à la porte du Chasteau, lequel fit vn tel eschet qu'il rompit la porte en plusieurs pieces & esclats, desq̃ls la plus grãde partye dõnerent sur le corps de ladicte Dame, si bien qu'elle receut sur soy enuiron trẽtecinq playes, & entre lesquels il y eut vn esclat de la lõgueur d'vn demy pied qui luy entra dedãs le petit vẽtre, d'ou il sortit si grãde abõdãce de sang, qu'elle tõba cõme morte, & fut fort long temps sans mouuoir ny parler, de façon que les cyrugiẽs l'estimoiẽt cõme morte, a cause des tantes & playes qu'elle auoit receu tout à vn coup, toutesfois, elle fut si bien aduisee, qu'en se sentant blessee, elle eut recours à nr̃e Dame de Liesse, de laquelle elle auoit ouy parler autres fois, & fit alors vn veu, q̃ si elle pouuoit reuenir en cõualescẽce, qu'elle y feroit le voyage, ce qu'elle à faict depuis, & à porté l'eclat de bois, duquel elle auoit receu la plus grãde playe, qui est enchassé en argent, & pend au grand Autel aupres de l'Image.

Oraison à nostre Dame de Liesse.

O Nobles cœurs venez de toutes parts
Approchez vous,
Ne soyez point couards,
Marchez bien tost, ne plaignez point voz pas.
Venez icy à tous voz estandards
Et delaissez voz flesches & voz arcs
Coutez tost, & ne vous faignez pas,

Venez querir & impetrer la grace
De la plus belle que onc fut en place
Vous cœurs humaîs qui viuez en tristesse,
Venez seruir la Dame de Liesse,
Gens songeurs pleins de melancolie
Gens tristes qui viuez en folie
Reueillez vous, venez faire prieres,
A la Dame qui pour nous son fils prie
Et qui noz cœurs de liesse viuifie
Ouurez yeux portes & barrieres
Ostez tristesse, mettez pechez arrieres,
Il est saison de faire chere lie
Et que chacun son cœur si humilie
Deuotement vers la Dame & princesse
Qu'on doibt seruir en ce temps de liesse.
Tous prisonniers qui desirez issuë
Lisez icy, & vous verrez l'issuë
Du beau miracle qu'elle fit en Turquie
Aux Cheualliers, à qui honneur est deuë
Quand en prison ils furent mis en muë,
Pour confesser Iesus fils de Marie
Car pour son vueil en leur Seigneurie,
Se trouuerent auec la belle Image
Au pres du bord, & dessus le riuage
D'vne fontaine, ou l'eau coule sans cesse
Tout au plus hault lieu de Liesse.
Dame Princesse, de tous les cieux clamée,
Sur toutes estes la mieux aymée

De vostre fils comme Dame & Maistresse
En ce beau lieu ou estes renommee
Vous venons veoir à chandelle allumee
En vostre Eglise pour nous donner liesse.

RONDEAV.

Dame de Liesse, liesse,
Donnez à voz Pellerins.
Qui vous requierrent par humblesse,
Genoux flechis à ioinctes mains,
Vostre fils Sauueur des humains
Dame plaise à vostre hautesse
Pour nous prier qu'il ne nous laisse,
Quand mort mettra sur nous les mains.

Dame de Liesse.

Tous mourrons l'vn de ces demains
Et fault qu'vn chacun apparoisse
Deuant vostre cher fils Aduocatesse.
Soyez pour nous à tout le moins. Amen.

Oraison à la vierge Marie.

Ie te salué Princesse inestimable,
Mere de Dieu, Royne du ciel notable,
De Paradis porte d'or singuliere,
Dame du monde, vierge pure honorable,
Qui à conçeu le fruict incomparable
La fleur du Ciel, le Thrésor, la Lumiere,
Comme subiect à ta saincte Chappelle
De Liesse ie me rend & t'apelle,

Dame de Liesse,
A mon secours, car de necessité
Sans toy ne puis estre reconforté
Ie te supplie comme Dame & Maistresse
Que tu donne par ta grace & pytié,
A tes seruans perdurable liesse.

Pucelle plaisante & delectable
Des desolez secours tresamiable
Qui as porté vierge saine & entiere
Le fils de Dieu, sans que fusse coupable
D'aucun peché charnel vituperable
Mais as gardé virginité premiere.

Tu es de Dieu mere & ancelle
Et outre plus, sur toutes femmes celle,
Ou il y à plus de felicité
Bien la monstré quand nostre humanité
De toy à prins vne si grande noblesse
Que de donner tu as authorité
A tes seruans perdurable liesse.

Helas vierge de ton œil pitoyable
De grace plaine douce & fauorable
Ne iette pas les pecheurs en arriere
Mais garde moy du faux monde dãnable
Qui me mettra à fin tres miserable
Si n'est par toy de graces Thresoriere
Dont ie te prie precieuse pucelle
Noble sans per, des autres la plus belle
Tour de vertu, lis de virginité
Puis de douceur, fontaine de beauté

Que tu nous sois escu & forteresse,
En impetrant par ta grande charité
A tes seruans perdurable liesse.

Prince Regent en la gloire eternelle
Qui fut nourry du laict de la mammelle,
A la vierge qui sans charnalité,
Cóceut ton corps pour en ouyr nouuelle
Et nous donner par la priere d'elle
Finablement gloire & tranquillité
Et ne prend garde à nostre iniquité
Mais aye pytié de l'ame pecheresse
Donnant la sus, auec la Trinité,
A tes seruás perdurable liesse. Ainsi soit-il

Autre Oraison a nostre Dame de Liesse.

A Vous secours des desolez
Nous venons en pelerinage,
Tous desolez, vous consolez,
Humble vierge de hault parage
Obediens de bon courage
Icy nous venons presenter
Ne nous vueillez pas reietter
En vous auons seule esperance
Vous nous auez la faict aydance,
En toutes noz aduersitez
Reconfort aux desconfortez
Auez donné digne Princesse,
Royne, fleur de toute beauté
Donnez à voz seruans liesse. Ainsi soit-il.

Approbation de Messieurs les Docteurs de la Sacree faculté de Theologie à Paris.

NOVS soub-signez, Docteurs en la Sacree faculté de Theologie de Paris, auons collatiõné ce discours deuot & admirable de nostre Dame de Liesse, auec ce qui en à esté recueilly de Pere Iaques Bosius en son Histoire de la Sacree Religion & saincte Millice de Sainct Iean de Hierusalem, composé en Italien, & auons troué qu'il est extraict sinon mot à mot, au moins en sustance du premier Liure de la premiere partie de ladicte Histoire, depuis le fueillet quinziesme, iusques au vingtroisiesme, auquel n'y à rien qui ne soit cõforme à la Sacree & saincte Religion Catholique Apostolique & Romaine.

FAICT audict Paris, ce cinquiesme de Iuin, Mil six cens & vn.

Signé

Blanси, & Ancelin.

Fij

APPROBATION ET permiſſion de Reuerend Pere en Dieu, Mõſeigneur l'Eueſque & Duc de Laon.

GEOFFROY de Billy par la prouidence diuine, Eueſque & Duc de Laon, ſecond Pair de France, & Comte d'Aniſi. A tous ceux qui ces preſentes verront, Salut. Nous ayans eſté remonſtré de la part de Blaiſe Boutart Marchant Imprimeur & Libraire, demeurant à Troyes, Comme il auroit recouuert vn Diſcours de l'Hyſtoire de Noſtre Dame de Lieſſe, extraicte des œuures de Iacques Bosius, de l'Ordre de Sainct Iean de Hierusalem, lequel discours auroit esté approuué par les Docteurs de Sorbonne, comme ne contenant chose aucune qui soit contraire à la Religion Catholique apostolique & romaine, mais plustost fort conforme à icelle, & digne d'estre mis en publicpour augmẽter la deuotion des fideles Chrestiẽs. Pour ces causes & raisons il nous auroit requis, que puis que la verité de ceste Hystoire nous est assez conuë & à tout nostre Diocese, il nous pleust adiouster nostre approbatiõ auec celle des Docteurs susdicts, & la coroborer & confirmer de nostre *Seel*.

OVS desirans fauoriser la pieuse intention dudict Boutart, auõs approuué & approuuons la publication dudict Liure par tout nostre Diocese, & defendõs estroictemẽt de vendre ou imprimer d'autres tels qui se vendoient au parauant.

En tesmoignage dequoy, nous auõs faict apposer nostre Seel à ces p̃sentes, & icelles fait signer par nostre Secretaire.

DONNE à Laon, le troisiesme iour de May, Mil six cens & deux.

Par commandement de Monseigneur.

IOLY.

[E]xtraict du Priuile[ge] [d]u Roy.

HENRY par la grace de DIEV Roy de France & de Nauarre, A nostre Bailly de Troyes, ou son Lieutenāt, Preuost de Paris Seneschal de Lyō, Poitou, [Berry], Chāpagne, Iuges d'Anjou & du Maine & à tous noz autres Iusticiers & Officiers, ou leurs Lieutenants, Salut. Nostre bien aymé Blaise Boutart Marchand Imprimeur & Libraire en nostredicte ville de Troyes, Nous à donné à entendre, que depuis peu de temps en ça, il auroit recouuert, non sans frais & labeurs, vn Liure intitulé (l'Histoire & Miracles de nostre Dame de Liesse) lequel Liure ledict suppliāt desireroit faire imprimer & mettre en lumiere : mais il doubte qu'autres que luy, ou ceux, ausquels il auroit donné charge, se voulussent ingerer de les imprimer, frustrans par ce moyen ledict suppliāt de son labeur, s'il ne luy estoit pourueu de noz Lettres à ce conuenables, humblement requerant icelles.

Parquoy desirant ledict suppliant estre

recompensé de ses labeurs, fraicts & mises. Auons à iceluy permis & octroyé, permettons & octroyons par ces presentes, d'imprimer, ou faire imprimer, vendre & distribuer par tout nostre Royaume lesdicts Liures, sans qu'autres que luy, ou ceux ausquels il dônera pouuoir le puissent imprimer ou faire imprimer, vendre & distribuer, iusques au terme de dix Ans, à compter du iour & datte de l'impression dudict liure, & ce sur peine de côfiscation desdicts liures, & d'amende arbitraire.

SI vous mandons, & à chacun de vous, commettons endroict soy (comme à luy appartiendra) que de nostre present Priuilege, & du contenu en iceluy, vous faicte & souffriez iceluy suppliant, iouyr plainement & paisiblement, & ceux ayâs charge de luy & à ce faire, souffrir & obeyr, contraignez tous ceux, qui pour ce seront à contraindre par toutes voyes & manieres deuës & raisonnables. Car tel est nostre plaisir Nonobstant quelconques Lettres à ce contraires.

Donné à Paris le troisiesme iour de Septembre, l'An de grace Mil six cens & vne. Et de nostre regne le treziesme.

Par le Roy en son Conseil.

Renouard[illegible]

www.ingramcontent.com/pod-product-compliance
Lightning Source LLC
LaVergne TN
LVHW021708230826
846092LV00002BA/556

* 9 7 8 2 0 1 6 1 5 8 1 7 3 *